ÉLECTIONS

LOI DU 29 JUILLET 1913

ayant pour objet d'assurer le secret et la liberté du vote

ainsi que la sincérité des opérations électorales

CIRCULAIRES

RELATIVES A SON APPLICATION

DIJON

IMPRIMERIE L. MARCHAL, DE THOREY, SUCCr

5, RUE DOCTEUR-CHAUSSIER, 5

1913

ÉLECTIONS

LOI DU 29 JUILLET 1913

ayant pour objet d'assurer le secret et la liberté du vote

ainsi que la sincérité des opérations électorales

CIRCULAIRES

RELATIVES A SON APPLICATION

DIJON

IMPRIMERIE L. MARCHAL, DE THOREY, SUCCᵗ

5, RUE DOCTEUR-CHAUSSIER, 5

—

1913

CIRCULAIRE

relative à l'application de la loi du 29 juillet 1913, ayant pour objet d'assurer le secret et la liberté du vote, ainsi que la sincérité des opérations électorales.

Le ministre de l'intérieur à MM. les préfets.

Paris, le 9 septembre 1913.

Le 30 juillet dernier, le *Journal officiel* a publié la loi du 29 juillet 1913, « ayant pour objet d'assurer le secret et la liberté du vote, ainsi que la sincérité des opérations électorales ».

Cette loi devant recevoir son application trois mois après sa promulgation, je crois devoir, sans plus tarder, vous en rappeler les grandes lignes et vous donner, en même temps, quelques instructions sur les mesures à prendre en vue d'assurer, dès le 2 novembre, l'exécution des dispositions nouvelles qu'elle consacre.

Obéissant aux préoccupations de ses devanciers, le législateur de 1913 s'est inspiré de trois idées générales :

1° Tout en assurant à chaque électeur la jouissance de la plénitude de ses droits, il a voulu prévenir certains abus qui, sous le couvert de la législation et de la jurisprudence antérieures, faussaient la composition des collèges électoraux ; à cet effet, il a proscrit les inscriptions multiples, édicté des règles précises en matière d'inscription et de radiation, et rendu plus rigoureuses les conditions d'inscription des électeurs non résidants, notamment en exigeant d'eux cinq ans de contribution dans la commune ;

2° Après avoir entouré de garanties nouvelles les droits que chaque citoyen tient de sa qualité d'électeur, il a cherché à en assurer l'exercice dans des conditions libérant l'électeur de toute pression et de toute indiscrétion extérieure au moment de l'émission de son vote, et protégeant le candidat contre toute manœuvre dolosive au moment du dépouillement. Dans ce but, il a prescrit l'usage du vote sous enveloppes et l'installation de dispositifs d'isolement, permettant à chacun d'émettre son suffrage en toute liberté ; il a, en outre, réservé aux candidats la faculté de faire procéder au dépouillement par les soins de scrutateurs par eux désignés, de façon à faire exercer sur cette opération par les représentants des intéressés eux-mêmes une surveillance et un contrôle qui préviennent toute suspicion de partialité ou d'irrégularité ;

3° Pour parfaire son œuvre et donner aux prescriptions qu'il édictait, à ce double point de vue, un caractère rigoureusement obligatoire, il a recherché les sanctions sans lesquelles elles auraient pu demeurer inefficaces. Déjà, la loi du 30 mars 1902 lui avait ouvert la voie ; mais il a cru devoir aggraver les pénalités prévues par la législation antérieure et il en a relevé les minima tout en étendant leur champ d'application aux infractions aux prescriptions nouvelles qu'il venait d'introduire dans le statut électoral.

Pour vous exposer, avec le plus de clarté possible, la procédure à laquelle vous devrez désormais vous conformer, afin d'assurer l'application des dispositions nouvelles et leur combinaison avec celles qui, déjà prescrites par des textes antérieurs, sont maintenues par la loi de 1913, je vous adresse un commentaire sommaire, article par article, de cette même loi ; mais il est certains points sur lesquels les travaux préparatoires ne permettent pas de faire d'ores et déjà une lumière complète, et à la précision desquels la jurisprudence aura seule compétence pour pourvoir, notamment en ce qui concerne la conciliation des nouveaux délais d'option, en cas d'inscriptions multiples, avec ceux prévus pour les différentes opérations de la revision des listes électorales.

J'appelle tout particulièrement votre attention sur les dispositions arrêtées pour l'application des articles 3 à 7 relatifs au vote sous enveloppe et à l'installation d'isoloirs dans les salles de scrutin. Vous voudrez bien signaler d'une manière toute spéciale ces dispositions à MM. les maires.

ARTICLE 1ᵉʳ

« *Nul ne peut être inscrit sur plusieurs listes électorales.*

« *Lorsqu'un citoyen est inscrit sur plusieurs listes électorales, le maire, ou, à son défaut, tout électeur porté sur l'une de ces listes, peut exiger, devant la commission de revision des listes électorales, huit jours au moins avant leur clôture, que ce citoyen opte pour son maintien sur l'une seulement de ces listes.*

« *A défaut de son option dans les huit jours de la notification de la mise en demeure faite par lettre recommandée, il restera inscrit sur la liste dressée dans la commune ou section de commune où il réside depuis six mois et il sera rayé des autres listes.*

« *Les réclamations et contestations à ce sujet sont jugées et réglées par les commissions et juges de paix compétents pour opérer la revision de la liste électorale sur laquelle figure l'électeur qui réclame l'option, et ce, suivant les formes et délais prescrits par la loi du 5 avril 1884.*

« *Toute personne qui aura réclamé et obtenu une inscription sur deux ou plusieurs listes, sera punie des peines prévues par l'article 31 du décret organique du 2 février 1852.*

« *Toute demande de changement d'inscription devra être accompagnée d'une demande en radiation de la liste du domicile électoral antérieur, pour être transmise au maire dudit domicile.*

« *Toute fraude dans la délivrance ou la production d'un certificat d'inscription ou de radiation des listes électorales sera punie des peines portées à l'article 12 de la présente loi.* »

Interdiction des inscriptions multiples.

La principale innovation de cet article consiste dans l'interdiction des inscriptions multiples punies, d'après le paragraphe 5, d'un emprisonnement d'un mois à un an et d'une amende de 100 à 1.000 francs (1) et dans l'institution d'une procédure destinée à les empêcher. Tandis que, jusqu'ici, la pluralité des inscriptions légales permettait à ceux qui en bénéficiaient de prendre part à des élections distinctes dans des communes différentes, sur lesquelles ils pouvaient ainsi étendre abusivement leur action, chaque électeur devra désormais faire choix d'un domicile électoral unique, en dehors duquel il ne lui sera plus permis d'exercer aucune partie de ses droits politiques, quelque intérêt qu'il puisse avoir ailleurs. A cet effet, le législateur a donné à la fois aux maires et à tous les électeurs le droit de dénoncer aux commissions de revision des listes électorales les inscriptions multiples dont ils auraient connaissance, huit jours au moins avant la clôture des listes ; au reçu de cette information, les commissions devront adresser aux intéressés une lettre recommandée les mettant en demeure d'opter dans les huit jours pour leur maintien sur une seule et unique liste. Faute par eux de déférer à cette mise

---

(1) D'après l'article 6 de la loi du 7 juillet 1874, « ceux qui, à l'aide de déclarations frauduleuses ou de faux certificats, se seront fait inscrire ou auront tenté de se faire inscrire indûment sur une liste électorale ; ceux qui à l'aide des mêmes moyens auront fait inscrire ou rayer, tenté de faire inscrire ou rayer indûment un citoyen, et les complices de ces délits seront passibles d'un emprisonnement de six jours à un an et d'une amende de 50 à 500 francs. » Cette disposition est maintenue, de même que le paragraphe 2 de l'article 22 de la loi du 30 novembre 1875, et l'article 31 du décret organique du 2 février 1852, dont le paragraphe 5 de l'article 1ᵉʳ de la loi de 1913 ne fait que reproduire une partie.

en demeure, les intéressés seront maintenus sur la liste de la commune ou section de commune où ils comptent une résidence de six mois et rayés de toutes les autres listes.

Vous remarquez que si, d'après le paragraphe 2 de l'article 2 de la loi du 7 juillet 1874 « les demandes en inscription ou en radiation doivent être formées dans un délai de 20 jours à partir de la publication des listes », c'est-à-dire, en général, pour le 4 février, les règles contenues dans les paragraphes 2 et 3 de l'article ci-dessus ont pour effet, en cas d'option obligatoire pour cause d'inscription multiple, de reculer jusqu'au 22 mars le terme du délai des mises en demeure d'option.

D'autre part, le paragraphe 4 dispose que les réclamations et contestations en matière d'option seront jugées « suivant les formes et délais prescrits par la loi du 5 avril 1884 ». Les formes et délais applicables aux contestations relatives aux inscriptions sur les listes électorales sous le régime de la loi de 1884 étant ceux-là mêmes qui ont été prescrits par le décret organique du 2 février 1852 et la loi du 7 juillet 1874, et auxquels le législateur de 1884 n'a apporté aucune modification, il y a lieu de considérer comme étant toujours en vigueur les prescriptions de 1852 et de 1874, réserve faite des modifications qu'elles doivent recevoir en raison des délais nouveaux accordés aux intéressés pour exercer leur option. Quant à la compétence, vous remarquerez qu'elle est formellement et exclusivement réservée à la commission et au juge de paix compétents pour reviser la liste sur laquelle figure l'électeur qui réclame l'option, c'est-à-dire aux juridictions du demandeur.

J'appelle également votre attention sur l'obligation imposée à tout électeur qui voudrait obtenir un changement d'inscription de produire à l'appui de sa demande en inscription une demande en radiation de la liste de son domicile électoral antérieur pour être transmise au maire dudit domicile. A ce sujet, je vous recommande de signaler aux municipalités qu'aux termes du paragraphe final de l'article ci-dessus, toute fraude dans la délivrance ou la production d'un certificat d'inscription ou de radiation des listes électorales rend son auteur passible d'une amende de 100 à 500 francs et d'un emprisonnement d'un mois à un an, sans préjudice de la perte des droits civiques pendant deux ans au moins et cinq ans au plus, et que, si le coupable est fonctionnaire d'ordre administratif ou judiciaire, agent ou préposé du Gouvernement ou d'une administration publique, ou chargé d'un ministère de service public, la peine doit être portée au double.

ARTICLE 2

Le paragraphe 3 de l'article 14 de la loi du 5 avril 1884 est ainsi modifié : « La liste électorale comprend : 1° tous les électeurs qui ont leur domicile réel dans la commune ou y habitent depuis six mois au moins ; 2° ceux qui y auront été inscrits depuis cinq ans au moins au rôle d'une des quatre contributions directes ou au rôle des prestations en nature, et, s'ils ne résident pas dans la commune, auront déclaré vouloir y exercer leurs droits électoraux.

« Les citoyens français établis à l'étranger et immatriculés au consulat de France conserveront le droit d'être inscrits, s'ils le demandent, sur la liste électorale de la commune où ils ont satisfait à la loi sur le recrutement de l'armée et rempli leurs obligations militaires. »

Inscription des contribuables sur les listes électorales.

La nouvelle rédaction du paragraphe 3 de l'article 14 de la loi du 5 avril 1884 ne soulève aucune difficulté d'interprétation : il convient seulement de signaler qu'à partir de 1914 les seuls électeurs qui pourront exiger leur inscription à titre de *contribuables* sur une liste électorale seront ceux qui auront été inscrits dans la commune, depuis cinq ans au moins, au rôle d'une des quatre contributions directes ou au rôle des prestations en nature, et qui, s'ils n'y résident pas, auront déclaré vouloir y exercer leurs droits électoraux. Cette nouvelle disposition a été édictée pour mettre un terme aux abus d'inscriptions qui se sont maintes fois produits de la part de citoyens qui, pour une somme infinitésimale, se rendaient acquéreurs par indivis de parcelles de terre sans aucune valeur, de façon à se faire porter au rôle de l'impôt foncier pour une cote de quelques centimes leur donnant le droit de requérir leur inscription sur la liste électorale.

Au surplus, ce même texte doit être entendu comme prescrivant implicitement la radiation d'office de tous les *contribuables non résidants* qui, à l'époque de la prochaine revision, ne compteront pas encore cinq ans de contribution.

Enfin, aucun électeur ne pourra être admis, *en qualité de contribuable,* à exercer l'option prévue à l'article 1er tant qu'il ne réunira pas les cinq années de contribution exigées.

Inscription des Français établis à l'étranger.

L'article 2 de la loi de 1913 ajoute, dans le corps du même article de la loi de 1884, un paragraphe permettant aux citoyens français établis à l'étranger et immatriculés au consulat de France de se faire inscrire dans la commune où ils ont satisfait à la loi sur le recrutement de l'armée et rempli leurs obligations militaires. D'après les déclarations du rapporteur devant la Chambre des députés, ce texte doit être interprété en ce sens que le Français établi hors de France peut, outre la commune où il est inscrit comme contribuable, opter pour une commune où il n'est pas contribuable, mais où il a rempli ses obligations militaires .. « Il s'agit donc bien, dit le rapporteur, de reconnaître aux Français résidant à l'étranger une facilité qui s'ajoute à celles dont jouissent les Français résidant en France. Et cette faveur se justifie très naturellement par le désir de rendre possible à ceux de nos concitoyens qui sont, pour un temps plus ou moins long, établis hors de France le moyen de rester en contact avec leur pays et de pouvoir s'y transporter lors des élections en choisissant le point qui sera le plus à leur convenance. »

Quant aux dispositions du même paragraphe 3 de l'article 14 de la loi du 5 avril 1884, auxquelles l'article 2 de la loi de 1913 ne fait aucune allusion, il résulte de la discussion qui a eu lieu au Sénat, dans la séance du 19 décembre 1907, qu'elles subsistent dans leur intégralité, hormis, toutefois, sous le *quarto* du même paragraphe, la disposition concernant « les ministres des cultes reconnus par l'Etat », qui a été implicitement abrogée déjà par la loi du 9 décembre 1905.

ARTICLE 3

« *Dans toutes les élections le vote a lieu sous enveloppes.*

« *Ces enveloppes sont fournies par l'administration préfectorale.*

« *Elles seront opaques, timbrées du cachet des préfectures ou des sous-préfectures, et de type uniforme pour chaque collège électoral.*

« *Elles seront envoyées, dans chaque mairie, cinq jours au moins avant l'élection, en nombre supérieur de moitié à celui des électeurs inscrits.*

« *Le maire devra immédiatement en accuser réception.*

« *Le jour du vote, elles seront déposées sur le bureau électoral et tenues à la disposition des électeurs.*

« *Si, par suite d'un cas de force majeure, du délit prévu à l'article 12, ou pour toute autre cause, ces enveloppes réglementaires font défaut, le président du bureau électoral est tenu de les remplacer par d'autres*

d'un type uniforme, timbrées du cachet de la mairie, et de procéder au
scrutin conformément aux dispositions de la présente loi. Mention est
faite de ce remplacement au procès-verbal, et cinq des enveloppes dont
il a été fait usage y sont annexées. »

Elections auxquelles s'applique la loi.

Aux termes de l'article ci-dessus, dont la portée est générale, le vote
doit avoir lieu sous enveloppes pour toutes les élections, c'est-à-dire
pour les élections sénatoriales, législatives, cantonales et municipales.
Mais du rapprochement des articles 3 et 4, il ne paraît pas résulter que
les dispositions relatives au vote sous enveloppe, non plus que celles relatives aux isoloirs, soient applicables à l'élection des maires, des ad-
joints ni des délégués sénatoriaux. Il conviendra de modifier les procès-
verbaux des diverses élections visées, conformément aux prescriptions
des articles 3, 4, 8 et 9 de la nouvelle loi; vous trouverez ci-après les
différents modèles, dûment rectifiés, dont il devra être fait usage.

Le texte de l'article 3 me paraît suffisamment clair pour ne prêter à
aucune difficulté d'application.

Commandes et fournitures d'enveloppes.

Mais l'approvisionnement matériel des préfectures en enveloppes entraînera une série d'opérations de commandes, de livraisons et de répartition qu'il me semble nécessaire de ramener à la plus grande simpli-
cité.

La fourniture, à laquelle il sera pourvu sur les crédits qui seront inscrits au budget du ministère de l'intérieur, sera exécutée par les soins
d'un fournisseur déterminé. En ce qui concerne les deux derniers mois
de 1913, ce fournisseur vous fera parvenir le nombre d'enveloppes que
vous m'avez indiqué comme nécessaire, en réponse à ma circulaire du
31 juillet dernier, par envois échelonnés, à huit jours de date les uns des
autres, à partir du 15 octobre. Vous recevrez également de la même façon le nombre d'enveloppes qui vous sera nécessaire pour les élections
qui auront lieu jusqu'au premier avril 1914, d'après demande qui devra
me parvenir *le 1er octobre au plus tard.* La totalité de ces premières
fournitures devra vous être entièrement livrée à la date du 15 décembre
1913.

Au reçu de la dernière livraison, vous devrez m'adresser, en *double*
exemplaire, un bordereau collectif de réception, indiquant avec leur
date d'arrivée, les différentes quantités que vous aurez reçues. C'est au
vu de ces pièces comptables qu'il me sera possible d'établir le relevé général nécessaire à l'ordonnancement de la dépense.

Quant aux fournitures ultérieures, c'est-à-dire en vue des élections
qui auront lieu à partir du mois d'avril, en raison du temps que pren-
dront obligatoirement la centralisation et le groupement des commandes,
l'envoi des fournitures et surtout leur timbrage dans les préfectures et
sous-préfectures, et pour que vous puissiez être à même d'adresser aux
communes entre le 20 et le 25 mars les enveloppes dont elles auraient
besoin le 1er avril, et ainsi de suite. vous voudrez bien m'adresser tous
les trois mois un état, établi également en double exemplaire, indiquant
le nombre des enveloppes complémentaires dont vous pourrez prévoir le
besoin pour le trimestre à venir. Le premier de ces états devra me parvenir *le 1er janvier 1914, pour le trimestre à courir du 1er avril au*
1er juillet, le second le 1er avril, le troisième le 1er juillet, le quatrième le
1er octobre, et il en sera de même chaque année; au reçu de l'ensemble
de ces indications que je lui transmettrai, le fournisseur choisi vous en-

verra directement les quantités indiquées, et vous voudrez bien m'en accuser réception comme il a été dit ci-dessus.

Chacun des états de commande de fin d'année, c'est-à-dire d'octobre, devra être accompagné d'un bordereau récapitulatif mentionnant :

1° Le nombre total d'enveloppes que vous aurez reçues à partir du 1er octobre précédent;

2° Le nombre total des enveloppes qui auront été utilisées au cours de cette même période;

3° Le nombre total des enveloppes qui resteront disponibles au 1er octobre.

Au surplus, et plus spécialement pour assurer au regard du législateur l'exécution des prescriptions qu'il a édictées, j'appelle votre attention sur les points suivants. Pour les communes de l'arrondissement chef-lieu :

1° Au reçu des enveloppes, et avant d'en opérer aucune répartition, vous devrez les faire timbrer du timbre de votre préfecture ; je vous recommande à ce sujet de faire usage d'un timbre de diamètre assez large, et de le faire apposer, *à l'encre rouge*, au centre de la partie non repliée;

2° En prévision de chaque scrutin, vous devrez en envoyer, dans chaque mairie, un nombre supérieur de moitié à celui des électeurs inscrits, cinq jours au moins avant l'élection;

3° En leur faisant cet envoi, vous aurez à inviter les maires à vous en accuser immédiatement réception et à prendre toutes leurs dispositions pour en assurer le dépôt, le jour du vote, sur le bureau électoral;

4° Il conviendra en même temps de rappeler aux maires que si, pour une cause quelconque, lesdites enveloppes réglementaires faisaient défaut, les présidents des bureaux électoraux seraient tenus de les remplacer immédiatement par d'autres, d'un type uniforme pour le collège électoral, et timbrées du cachet de la mairie ; en ce dernier cas, mention devrait être faite de ce remplacement sur le procès-verbal, auquel devraient être annexées cinq des enveloppes dont il aurait été fait usage.

Quant aux communes des arrondissements autres que le chef-lieu, il devra être procédé exactement de même par MM. les sous-préfets, auxquels vous devrez rappeler ces prescriptions en leur transmettant le nombre d'enveloppes par eux demandé : c'est à eux qu'appartiendra le soin de faire timbrer les enveloppes pour toutes les élections dont le collège ne s'étendra pas au delà des limites de leur arrondissement respectif. Ils devront donc vous adresser leurs demandes en temps voulu pour qu'il vous soit possible de leur transmettre les enveloppes nécessaires de telle façon qu'ils puissent en assurer tout d'abord le timbrage à leur sous-préfecture, puis l'arrivée à la mairie de chaque commune cinq jours au moins avant chaque scrutin.

ARTICLE 4

« *A son entrée dans la salle du scrutin, l'électeur, après avoir fait constater son identité suivant les règles et usages établis, ou après avoir fait la preuve de son droit de voter par la production de la décision ou de l'arrêt mentionné à l'article 23 de la loi municipale du 5 avril 1884, prend lui-même une enveloppe. Sans quitter la salle du scrutin, il doit se rendre isolément dans la partie de la salle aménagée pour le soustraire aux regards pendant qu'il met son bulletin dans l'enveloppe; il fait ensuite constater au président qu'il n'est porteur que d'une enveloppe; le président le constate sans toucher l'enveloppe que l'électeur introduit lui-même dans l'urne.*

« *Dans chaque commune il y aura un isoloir par trois cents électeurs inscrits ou par fraction; il y aura au moins deux isoloirs par salle de vote.* »

Les innovations du texte ci-dessus portent :
1° Sur l'installation des isoloirs ;
2° Sur le mode de préparation et de dépôt des bulletins.

Isoloirs.

L'isoloir consiste dans un dispositif permettant à l'électeur de se sous-traire aux regards pendant qu'il remplit son bulletin et le met sous enveloppe ; chaque salle de vote devra contenir au moins deux dispositifs de cette nature, et un par trois cents électeurs cu par fraction de ce même nombre.

Emission des votes.

Pour voter, après avoir fait constater son identité ou prouvé son droit de voter, l'électeur doit prendre lui-même une enveloppe sur la table du bureau, puis, se rendre, isolément, dans l'isoloir, où il remplit son bulletin et le met sous enveloppe ; il fait ensuite constater au président qu'il n'est porteur que d'une seule enveloppe ; il la dépose, enfin, lui-même dans l'urne sans que nul autre que lui n'y ait touché.

Disposition des isoloirs.

Les isoloirs devront être établis par les municipalités de façon à tenir dans la salle de vote aussi peu de place que possible : c'est dans les angles de la pièce qu'il conviendrait donc de les installer de préférence ou, en cas d'impossibilité, le long des murs : pour remplir leur but, ils pourront être constitués par un simple rideau.

Toutefois, comme l'électeur devra pouvoir se dissimuler complète-ment, il conviendra que le dispositif, si sommaire qu'il soit, ait été aména-gé dans des conditions satisfaisantes. A cet effet, on pourra fixer au mur de la salle de vote, à environ 2 m. 25 du plancher, deux solides pi-tons faisant saillie d'environ 35 à 40 centimètres, qui seront reliés par un liteau de 1 mètre environ, formé soit par une tringle, soit par une pièce de bois : deux rideaux de solide toile (on pourra se servir utilement de toile de store) ayant environ 80 centimètres sur 1 m. 80 de longueur se-ront attachés à ce liteau de manière à envelopper tout le dispositif ; ils croiseront sur le devant de l'isoloir assez légèrement pour pouvoir être écartés facilement et livrer passage à l'électeur. Pour compléter le dis-positif, qui, pour être éclairé, ne devra pas être fermé par le haut, on placera dans l'isoloir, avec des crayons, une petite table ou même une simple planchette fixée au mur.

ARTICLE 5

« *L'urne électorale n'ayant qu'une ouverture destinée à laisser passer le bulletin muni de son enveloppe devra, avant le commencement du vote, avoir été fermée à deux serrures dissemblables, dont les clefs res-tent, l'une entre les mains du président, l'autre entre les mains de l'as-sesseur le plus âgé.*

« *Si, au moment de la clôture du scrutin, le président n'a pas les deux clefs à sa disposition, il prendra toutes les mesures nécessaires pour procéder immédiatement à l'ouverture de l'urne.* »

Urnes.

Cet article ne me paraît comporter que deux observations :
1° En raison de l'emploi des enveloppes, il sera nécessaire de faire usage d'urnes de dimensions sensiblement plus grandes que pour les

précédents scrutins. et de ménager sur leur partie supérieure une ouverture également plus grande que précédemment pour permettre aisément l'introduction des enveloppes;

2° Alors que l'art. 22 du décret réglementaire du 2 février 1852 et l'art. 25 de la loi du 5 avril 1884 prescrivaient simplement la fermeture de la boîte du scrutin par deux serrures, la loi de 1913 exige que les deux serrures prescrites soient dissemblables, conformément d'ailleurs à l'usage établi, l'une des clefs devant rester entre les mains du président, l'autre entre les mains de l'assesseur le plus âgé.

ARTICLE 6

« *Tout électeur atteint d'infirmités certaines et le mettant dans l'impossibilité d'introduire son bulletin dans l'enveloppe, et de glisser celle-ci dans la boîte du scrutin, est autorisé à se faire assister par un électeur de son choix.* »

Cette disposition s'explique et se justifie d'elle-même et ne comporte aucun commentaire complémentaire.

ARTICLE 7

« *Les frais de fourniture des enveloppes et ceux qu'entraîne l'aménagement spécial prévu à l'article 4 seront à la charge de l'Etat.* »

D'après cet article, les dépenses résultant tant de l'usage des enveloppes que de l'installation et de l'entretien des dispositifs d'isolement seront intégralement supportées par le budget général. Je ne saurais trop vous recommander, en conséquence, de donner, tant aux services de votre préfecture qu'aux services municipaux, les instructions voulues pour prévenir les abus qui pourraient se produire dans la consommation des enveloppes et assurer la conservation des quantités non utilisées.

Frais des isoloirs.

L'isoloir, installé dans les conditions indiquées ci-dessus, au commentaire de l'article 4, reviendra à environ 15 francs : c'est cette somme qui sera allouée par l'Etat aux communes pour chaque dispositif établi en conformité de la loi.

Cependant le type d'isoloir qui a été décrit n'est pas obligatoire, et il sera loisible aux municipalités de recourir à tel autre dispositif de leur choix, par l'installation soit de paravents, de cabines ou de tout autre aménagement. Toutefois, dans ce cas, la somme allouée par l'Etat ne serait que de 15 francs par isoloir et le complément de la dépense resterait, par suite, à la charge du budget communal.

Vous voudrez bien recommander aux municipalités de prendre le plus grand soin des isoloirs dont devront être munies toutes les communes, afin que ces dispositifs, mis à l'abri dans un endroit où ils ne risqueraient pas de se détériorer, puissent servir aussi longtemps que possible.

Lorsqu'un isoloir sera mis hors d'usage, le maire devra vous en aviser assez à temps pour que je puisse allouer à la commune la somme nécessaire à son remplacement.

Au surplus, en ce qui concerne les dépenses résultant de la première installation des isoloirs qui seront nécessaires pour assurer l'application de la loi de 1913, dès le 2 novembre prochain, c'est-à-dire avant le vote du budget de 1914, étant donné :

1° Que la totalité des crédits voulus n'a pas encore été votée par le

Parlement et que le Gouvernement ne dispose, à l'heure actuelle, que d'une partie de ces crédits ;

2° Qu'il n'est pas possible d'évaluer dès maintenant la dépense qu'entraîneront les premières installations d'une façon assez précise pour me permettre d'ordonnancer de ce chef à votre nom une somme globale déterminée ;

Il vous appartiendra, au fur et à mesure que des élections devront avoir lieu, de prendre toutes les dispositions qui vous paraîtront utiles pour l'acquisition et l'installation des dispositifs d'isolement prévus, à raison de deux par salle de vote et d'un par 300 électeurs, et de m'en aviser aussitôt de manière à me mettre à même d'ordonnancer régulièrement les dépenses *effectuées*, jusqu'à concurrence de 15 francs par isoloir. Je vous recommande à ce sujet de faire de ces dépenses l'objet d'un bordereau *mensuel, en double exemplaire*, indiquant le nombre des communes pourvues et celui des isoloirs établis, bordereau qui devra m'être fourni jusqu'au jour où le vote définitif de la totalité des crédits me permettra d'ordonnancer à votre nom la somme nécessaire pour compléter, avant les prochaines élections générales, l'installation dans toutes les communes de votre département du nombre d'isoloirs prescrit. En conséquence, dès la promulgation de la loi de finances de 1914, vous devrez me saisir de propositions d'engagement de dépenses indiquant 1° le nombre global des communes de votre département restant à munir d'isoloirs ; 2° le nombre global des isoloirs restant à y faire installer. Ces propositions devront m'être adressées sous la forme d'un état de prévisions, *en double exemplaire* également.

ARTICLE 8

« Après la clôture du scrutin il sera procédé au dépouillement de la manière suivante : la boîte de scrutin est ouverte et le nombre des enveloppes est vérifié. Si ce nombre est plus grand ou moindre que celui des émargements, il en est fait mention au procès-verbal. Le bureau désigne parmi les électeurs présents un certain nombre de scrutateurs sachant lire et écrire, lesquels se divisent par tables de quatre au moins. Si plusieurs candidats ou plusieurs listes sont en présence, il leur sera permis de désigner respectivement les scrutateurs, lesquels devront être répartis également autant que possible par chaque table de dépouillement. Dans ce cas, les noms des électeurs proposés seront remis au président, une heure avant la clôture du scrutin, pour que la liste des scrutateurs par table puisse être établie avant le début du dépouillement. Le président répartit entre les diverses tables les enveloppes à vérifier. A chaque table, l'un des scrutateurs extrait le bulletin de chaque enveloppe et le passe déplié à un autre scrutateur ; celui-ci le lit à haute voix ; les noms portés sur les bulletins sont relevés par deux scrutateurs au moins sur des listes préparées à cet effet. Si une enveloppe contient plusieurs bulletins, le vote est nul, quand ces bulletins portent des listes ou des noms différents ; ils ne comptent que pour un seul, quand ils désignent la même liste ou le même candidat.

Dépouillement du scrutin.

L'article ci-dessus n'est que l'adaptation aux dispositions nouvelles édictées par les articles 3, 4, 5 et 6 de la loi de 1913 des règles posées par l'article 27 du décret réglementaire du 2 février 1852, auxquelles sont apportées les modifications suivantes :

1° Dès l'ouverture de la boîte du scrutin, il doit être procédé à la vérification du nombre des *enveloppes* et non des bulletins ;

2° Les *enveloppes* sont réparties entre les tables de dépouillement, à chacune desquelles *l'un des scrutateurs extrait le bulletin de chaque enveloppe et le passe déplié à un autre scrutateur* qui en donne lecture à haute voix;

3° Les noms portés sur les bulletins sont relevés sur des listes préparées à cet effet par *deux scrutateurs au moins*, conformément à l'usage établi, alors que le décret de 1852 ne déterminait pas le nombre des scrutateurs devant procéder à cette opération;

4° *Si une enveloppe contenait plusieurs bulletins, le vote serait nul quand ces bulletins porteraient des listes ou des noms différents; ils ne compteraient que pour un seul quand ils désigneraient la même liste ou le même candidat;*

5° Enfin, la principale innovation du même article consiste dans la *faculté accordée aux candidats comme aux listes en présence de désigner respectivement les scrutateurs*, lesquels devront, autant que possible, être également répartis par chaque table de dépouillement; dans ce cas, les noms des électeurs proposés seront remis au président du bureau une heure avant la clôture du scrutin pour que la liste des scrutateurs par table puisse être établie avant le début du dépouillement. Ainsi qu'il a été dit dit plus haut, cette règle a été introduite dans le but de mettre les candidats à l'abri de toute manœuvre dolosive au moment du dépouillement, en leur permettant de faire exercer par des électeurs possédant toute leur confiance une surveillance et un contrôle permanents sur cette opération. Mais il est à remarquer que le choix des scrutateurs ainsi désignés est limité par la loi elle-même aux membres du collège électoral appelé à voter.

ARTICLE 9

« *Les bulletins blancs, ceux ne contenant pas une désignation suffisante ou dans lesquels les votants se sont fait connaître, les bulletins trouvés dans la boîte sans enveloppe ou dans des enveloppes non réglementaires, les bulletins écrits sur papier de couleur, les bulletins ou enveloppes portant des signes intérieurs ou extérieurs de reconnaissance, les bulletins ou enveloppes portant des mentions injurieuses pour les candidats ou pour les tiers, n'entrent pas en compte dans le résultat du dépouillement.*

« *Mais ils sont annexés au procès-verbal, ainsi que les enveloppes non réglementaires, et contresignés par les membres du bureau.*

« *Chacun de ces bulletins annexés devra porter mention des causes de l'annexion.*

Si l'annexion n'a pas été faite, cette circonstance n'entraînera l'annulation des opérations qu'autant qu'il sera établi qu'elle aura eu pour but et pour conséquence de porter atteinte à la sincérité du scrutin. »

Calcul de la majorité. Procès-verbaux.

Indépendamment des bulletins blancs, de ceux ne contenant pas une désignation suffisante ou dans lesquels les votants se sont fait connaître, prévus par l'article 30 du décret réglementaire du 2 février 1852, la loi de 1913 prescrit que ne devront pas entrer en compte dans le résultat du dépouillement :

1° Les bulletins trouvés dans la boîte sans enveloppe;

2° Les bulletins trouvés dans la boîte dans des enveloppes non réglementaires;

3° Les bulletins écrits sur papier de couleur;

4° et 5° Les bulletins et enveloppes portant des signes intérieurs *ou extérieurs* de reconnaissance;

6° et 7° Les bulletins et enveloppes portant des mentions injurieuses pour les candidats ou pour des tiers.

Et le même article ajoute que tous ces bulletins et les enveloppes non réglementaires, dûment contresignés, c'est-à-dire authentifiés par les membres du bureau, avec mention des causes de leur annexion. devront être annexés au procès-verbal; mais que, si l'annexion n'a pas été faite, cette circonstance ne pourra entraîner l'annulation des opérations qu'autant qu'il sera établi qu'elle aura eu non seulement pour but, mais aussi pour conséquence, de porter atteinte à la sincérité du scrutin.

L'ensemble de ces prescriptions confirme législativement la jurisprudence contentieuse antérieure, en y ajoutant les règles nouvelles que son application rendait nécessaires comme conséquence de l'introduction du vote sous enveloppes.

Toutefois, en ce qui concerne les bulletins portant des signes de reconnaissance, si la jurisprudence refusait uniformément aux candidats dont ils pouvaient contenir les noms l'attribution de ceux portant des signes soit *intérieurs*, soit *extérieurs*, elle admettait les bulletins revêtus de signes *extérieurs* à entrer en ligne de compte pour le calcul de la majorité, tandis qu'elle en écartait et frappait de nullité absolue les bulletins à signes *intérieurs*.

Désormais, tous les bulletins portant des signes *extérieurs* devront, comme ceux portant des signes *intérieurs*, être défalqués du nombre des suffrages exprimés pour fixer le chiffre de la majorité, et il devra en être de même des enveloppes : ainsi devront être déduits du chiffre des suffrages exprimés les bulletins portant un dessin particulier, un trait de crayon s'il en est trouvé dans l'urne plusieurs marqués pareillement ; ceux dont l'impression forme relief au dos; ceux pliés de manière à laisser paraître les noms des candidats; les bulletins transparents au point de laisser lire au verso leur contenu; les bulletins dentelés, découpés ou déchirés de façon identique; les bulletins de dimensions réduites trouvés en grand nombre et dont l'emploi peut être le résultat d'une manœuvre ; ceux écrits sur papier légèrement bleuté, etc... Cette assimilation entre tous les bulletins *reconnaissables* constitue à la fois une heureuse simplification juridique et une garantie complémentaire du secret du vote.

Quant aux bulletins écrits sur *papier de couleur* qui, d'après la jurisprudence constante, sans pouvoir jamais être attribués aux candidats dont ils portaient les noms, devaient entrer en ligne de compte pour le calcul de la majorité, ils sont désormais formellement frappés de nullité abolue et devront être déduits comme tels du nombre des suffrages exprimés. Il convient de rappeler que la même jurisprudence ne considère pas comme écrits sur papier de couleur les bulletins sur papier non rigoureusement blanc, tels que ceux sur papier blanc vergé, réglé, quadrillé en bleu ou en rouge, bulle, azuré, etc..., que non seulement elle admet à entrer en compte pour le calcul de la majorité, mais qu'elle attribue aux candidats.

Il en est de même enfin en ce qui concerne les bulletins *injurieux* pour les candidats ou pour des tiers : à l'avenir, ils devront être uniformément déduits du nombre des suffrages exprimés, alors que jusqu'à ce jour, la jurisprudence admettait les bulletins contenant des mentions injurieuses pour un ou pour plusieurs candidats à être comptés aux candidats autres que ceux visés par lesdites mentions, et que même pendant un certain temps elle avait reconnu la validité absolue des bulletins contenant des mentions injurieuses pour des tiers, c'est-à-dire étrangères à l'élection. La disposition ci-dessus résout ces questions d'une manière qui ne laisse place à aucune contestation possible, en privant de toute valeur légale les bulletins injurieux.

En résumé, il n'y a plus de nullité relative laissant place à une valeur limitée, et, toute nullité étant absolue, les bulletins qui en sont entachés sont privés rigoureusement de toute espèce de valeur. Aucun bulletin non attribué aux candidats ne devra donc plus entrer en compte pour le calcul de la majorité.

ARTICLE 10.

L'article 33 du décret réglementaire du 2 février 1852 est modifié ainsi qu'il suit :
« *Les procès-verbaux des opérations électorales de chaque commune sont rédigés en double. L'un de ces doubles restera déposé au secrétariat de la mairie; l'autre sera déposé de suite à la poste sous pli scellé et recommandé à l'adresse du préfet pour être remis à la commission de recensement.* »

Transmission des procès-verbaux.

Cette disposition est manifestement spéciale aux élections législatives.

Jusqu'à présent, aux termes de l'article 33 du décret réglementaire du 2 février 1852, l'exemplaire du procès-verbal qui ne devait pas rester déposé au secrétariat de la mairie devait être transmis d'abord au sous-préfet, et celui-ci le faisait ensuite parvenir au préfet.

Désormais, le second exemplaire devra vous être transmis directement et immédiatement sous pli postal scellé et recommandé, sans passer par la sous-préfecture; il en résultera plus de rapidité dans la concentration et la proclamation des résultats au chef-lieu du département.

ARTICLE 11.

L'article 34 du décret réglementaire du 2 février 1852 est modifié ainsi qu'il suit :
« *Le recensement général des votes se fait pour toute circonscription électorale au chef-lieu du département en séance publique, au plus tard le mercredi qui suit le scrutin.*
« *Il est opéré par une commission composée du président du tribunal civil, président, et des quatre membres du conseil général non candidats, qui y compteront la plus longue durée de fonctions ; en cas de durée égale, le plus âgé se trouvera désigné.*
« *Si le président du tribunal civil se trouve empêché, il est remplacé par le vice-président et, à son défaut, par le juge le plus ancien. Les conseillers sont eux-mêmes, en cas d'empêchement, remplacés suivant l'ordre d'ancienneté.*
« *L'opération du recensement est constatée par un procès-verbal.* »

Recensement général des votes.

Comme l'article précédent, l'article 11 concerne exclusivement les élections législatives.

Les procès-verbaux devant être directement transmis à la préfecture, les commissions de recensement pourront totaliser et proclamer les résultats dès le mercredi au plus tard après le scrutin, au lieu du jeudi, comme il est actuellement d'usage. A cette occasion, je vous rappelle que, dès la proclamation, vous devez m'en adresser télégraphiquement le résultat, ainsi qu'à M. le président de la Chambre des députés.

Commission de recensement général.

Quant au recensement lui-même, il sera désormais effectué par une commission composée de cinq membres au lieu de trois.

D'après l'article 34 du décret réglementaire du 2 février 1852, la commission de recensement général devait être composée de trois conseillers

généraux désignés par vos soins, et nommait elle-même son président.
Le législateur a cru nécessaire d'augmenter le nombre de ses membres,
de retirer à l'autorité préfectorale le soin de les choisir et de les désigner lui-même ainsi que son président de droit. Celui-ci sera désormais
le président du tribunal civil, ou, à son défaut, le vice-président du même
tribunal, ou enfin le juge le plus ancien ; seront assesseurs de droit les
quatre conseillers généraux, non candidats à l'élection, qui compteront
la plus longue durée de fonctions ; en cas de durée égale, le plus âgé
sera appelé à siéger ; enfin, en cas d'empêchement, la suppléance sera
dévolue de droit, suivant l'ordre d'ancienneté, entre les conseillers généraux.

Cette innovation a été inspirée par le souci de renforcer les garanties
réclamées par les candidats, et elle est au surplus de nature à suppri-
mer certaines difficultés, souvent très délicates, que rencontrait l'autorité
préfectorale lorsqu'elle était appelée à désigner les commissaires.

Comme par le passé, cette commission constatera ses travaux par la
rédaction d'un procès-verbal dont le nombre d'exemplaires reste fixé
comme précédemment.

Quant aux élections des conseillers généraux, d'arrondissement et
municipaux, il n'est en rien innové pour la centralisation ni le recensement général des votes, qui continueront à être effectués aux chefs-lieux
de canton et de commune par les soins des bureaux antérieurement
institués.

Enfin, l'article 11 de la loi du 29 juillet 1913 n'a pas pour effet de modifier
l'article 12 de la loi organique du 2 août 1875 sur les élections des sénateurs, modifié par la loi du 9 décembre 1884 ; en conséquence, pour lesdites élections, le bureau continuera à être présidé par le président du
tribunal civil du chef-lieu du département, ou, à son défaut, par le vice-
président ou le juge le plus ancien, assisté de quatre assesseurs, les deux
plus âgés et les deux plus jeunes électeurs sénatoriaux présents à l'ouverture de la séance ; en d'autres termes, le décret réglementaire du
2 février 1852 n'étant pas applicable aux élections des sénateurs, celles-
ci ne sont pas affectées par la modification qui lui est apportée.
Mais les candidats sénatoriaux peuvent désigner des scrutateurs de
leur choix, tout comme les candidats aux autres élections visées par la
présente loi ; en effet, l'article 8 de la nouvelle loi ne porte pas sur ce
point modification d'un texte spécial, mais il édicte des prescriptions nouvelles d'ordre général.

Article 12.

*« En dehors des cas spécialement prévus par les dispositions des lois
et décrets actuellement en vigueur, quiconque, soit dans une commission
administrative ou municipale, soit dans un bureau de vote ou dans les
bureaux des mairies, des préfectures ou sous-préfectures, avant, pendant ou après un scrutin, aura, par inobservation volontaire de la loi
ou des arrêtés préfectoraux ou par tous autres actes frauduleux, violé
ou tenté de violer le secret du vote, porté atteinte ou tenté de porter
atteinte à sa sincérité, empêché ou tenté d'empêcher les opérations du
scrutin, ou qui en aura changé ou tenté de changer le résultat, sera
puni d'une amende de cent francs à cinq cents francs (100 fr. à 500 fr.)
et d'un emprisonnement d'un mois à un an ou de l'une de ces deux peines
seulement.*
*« Le délinquant pourra, en outre, être privé de ses droits civiques
pendant deux ans au moins et cinq ans au plus.*
*« Si le coupable est fonctionnaire de l'ordre administratif ou judi-
ciaire, agent ou préposé du Gouvernement ou d'une administration pu-*

blique ou chargé d'un ministère de service public, la peine sera portée au double.

« *L'article 463 du Code pénal est applicable aux dispositions ci-dessus.* »

Pénalités.

L'article 12 est d'abord l'adaptation aux règles édictées par les articles précédents de l'article unique de la loi du 30 mars 1902 relative à la répression des fraudes en matière électorale, loi qui demeure au surplus en vigueur, avec ses sanctions propres, en ce qui concerne seulement les fraudes commises dans les *bureaux de recensement* dont il n'est pas fait mention dans le nouveau texte.

Mais cet article se différencie en outre de la loi de 1902 sur les points suivants :

1° Aux délits déjà prévus, il ajoute ceux qui pourraient affecter le secret et la sincérité du vote, ainsi que la tenue des opérations du scrutin ;

2° Il aggrave les sanctions pécuniaires précédemment édictées en portant de 50 à 100 francs le minimum de l'amende encourue ;

2° Il aggrave également les peines privatives de liberté en édictant un emprisonnement d'un mois à un an au lieu d'un emprisonnement de six jours à deux mois ;

4° Il modifie la formule visant l'interdiction des droits civiques ;

5° A la formule générale visant les fonctionnaires publics, il substitue une formule plus précise englobant nommément « les fonctionnaires de l'ordre administratif ou judiciaire. les agents ou préposés du Gouvernement ou d'une administration publique, ou chargés d'un ministère de service public », de façon à atteindre, sans contestation possible, tous les agents dépositaires, à quelque titre que ce soit, d'une parcelle de l'autorité. L'interprétation de cette disposition relève exclusivement des tribunaux judiciaires, de même que l'appréciation des peines à prononcer.

ARTICLE 13

« *Les dispositions de l'article 50 du décret organique du 2 février 1852 sont applicables à l'action publique et à l'action civile intentées en vertu de la présente loi.* »

Prescriptions.

L'unique disposition du décret organique du 2 février 1852 étendue à l'action publique et à l'action civile intentées en vertu de la nouvelle loi, est celle qui institue la prescription après trois mois à partir du jour de la proclamation du résultat de l'élection.

ARTICLE 14

« *Les articles 479 à 503 du Code d'instruction criminelle seront désormais inapplicables aux crimes et aux délits ou à leurs tentatives, qui auront été commis dans le but de favoriser ou de combattre une candidature, de quelque nature qu'elle soit.* »

Cet article vise certains fonctionnaires qui jouissent actuellement d'un privilège de juridiction et ne peuvent être poursuivis que sur l'initiative des procureurs généraux. S'ils se rendaient coupables de crimes ou de délits ou de tentatives de crimes ou de délits dans le but de favoriser ou de combattre une candidature, de quelque nature qu'elle soit, ils ne pourraient plus bénéficier d'aucune des prérogatives d'exception consacrées en leur faveur par le Code d'instruction criminelle au point de vue soit de la poursuite, soit de l'instruction, soit de la désignation de la juridiction devant laquelle ils auraient à comparaître. Dans cette hypothèse, ils seraient donc soumis au droit commun. Vous trouverez des développements plus détaillés à ce sujet dans les considérations présentées, le 3 juin 1907, à la Chambre des députés (*Journal officiel* du 4 juin 1907, Chambre des députés, page 1192) par M. Perroche, sur l'initiative duquel l'article ci-dessus a été incorporé dans la loi.

ARTICLE 15

« *Les dispositions des lois et décrets antérieurs sont abrogées en ce qu'elles ont de contraire à la présente loi.* »

La seule observation à faire porte sur le maintien en vigueur de la loi du 30 mars 1902 en ce qui concerne seulement les délits commis dans les *bureaux de recensement*, ainsi qu'il a été dit sous l'article 12.

ARTICLE 16

« *La présente loi est applicable à l'Algérie. Les frais prévus à l'article 7 seront à la charge du budget algérien.*

« *Des règlements d'administration publique détermineront les conditions d'application de la présente loi dans les colonies représentées au Parlement ; les frais prévus à l'article 7 seront à la charge des budgets locaux de ces colonies.* »

Cet article n'intéresse ni la métropole ni la Corse.

ARTICLE 17

« *Des affiches contenant le texte de la présente loi seront fournies par l'administration préfectorale et placardées, par les soins de la municipalité, à la porte de chaque mairie, pendant la période électorale, et à la porte de chaque section de vote le jour du scrutin.* »

Affiches.

En exécution de cette disposition, je vous ai demandé, par circulaire télégraphique du 22 août, de me faire connaître le nombre des affiches qu'il y aurait lieu de faire apposer dans votre département. Les quantités demandées vous seront directement adressées de la maison centrale de Melun avant la fin du mois. Vous voudrez bien, dès que cet envoi vous sera parvenu, m'adresser un bordereau de réception, en double exemplaire, portant indication des dates d'arrivée et des quantités reçues, puis vous enverrez, dans le plus bref délai, les quantités voulues à chacun des sous-préfets de votre département, chacun d'eux devant ensuite en opérer la distribution entre les communes de son arrondissement, à raison d'une affiche par mairie et d'autant d'affiches supplémentaires que la commune comptera de sections de vote. En ce qui concerne l'arrondissement chef-lieu, vous ferez procéder vous-même de la même façon à la distribution, et vous conserverez à votre préfecture l'excédent qui pourrait se trouver en vue de remplacer les affiches qui viendraient à être détruites. Ultérieurement, en cas de nouveaux besoins, vous de-

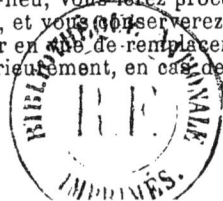

vriez me transmettre directement vos demandes de commandes, également en double exemplaire, et la livraison vous serait faite, toujours directement, par la maison de Melun, dans le plus court délai possible.

Il va de soi que chaque livraison nouvelle devra faire de votre part l'objet d'un double accusé spécial de réception, comme la livraison initiale.

Vous devrez exiger et prescrire à MM. les sous-préfets d'exiger des maires :

1° Qu'ils accusent réception des affiches à eux envoyées ;

2° Qu'ils en assurent l'apposition pendant les périodes et aux lieux fixés par la loi, sur l'emplacement réservé aux affiches officielles ;

3° Qu'ils veillent à leur conservation, conformément aux dispositions des articles 15 et 17 de la loi du 29 juillet 1881 qui devront être rappelées en même temps à leur attention.

ARTICLE 18

La présente loi sera applicable trois mois après sa promulgation.

Délai d'application de la loi.

Promulguée le 30 juillet dernier, la loi du 29 juillet 1913 devra donc être uniformément appliquée dès le dimanche 2 novembre prochain, et je vous prie de vouloir bien y veiller personnellement.

Je vous recommande enfin d'apporter la plus grande attention à l'exécution des présentes instructions, ainsi qu'à l'élaboration de celles que vous aurez personnellement à donner, tant à vos collaborateurs qu'aux maires de votre département, en vue de l'application de la nouvelle loi. Il importe, en effet, au plus haut point que toutes les autorités administratives déploient le plus grand zèle pour faciliter, dans toute la mesure du possible, l'introduction rapide et complète dans les mœurs politiques des habitudes nouvelles que comporte un mode de scrutin et de dépouillement, peu compliqué sans doute, mais avec lequel il est nécessaire de se familiariser, et que le législateur a cru devoir adopter définitivement pour assurer le libre et loyal fonctionnement du suffrage universel et du suffrage restreint ; je compte que votre administration fera dans ce but tout ce qui dépendra d'elle.

Je vous prie de vouloir bien m'accuser réception sous le timbre « bureau des affaires politiques » de la présente circulaire, qui vous est envoyée en nombre suffisant d'exemplaires pour que vous puissiez en remettre un à chacun de MM. les sous-préfets, après en avoir conservé deux pour le service de vos bureaux, et qui n'abroge que les instructions contraires des circulaires antérieures, relatives aux différentes élections et à la revision des listes électorales, auxquelles, pour le surplus, vous devez continuer à vous référer.

Le ministre de l'intérieur, L.-L. KLOTZ.

CIRCULAIRE
du 25 septembre 1913 relative à l'application des articles 8 et 9.

Paris, le 25 septembre 1913.

Comme suite à ma circulaire du 9 septembre, j'appelle spécialement votre attention sur les dispositions des articles 8 et 9 de la loi du 29 juillet 1913, ayant pour objet d'assurer le secret et la liberté du vote ainsi que la sincérité des opérations électorales, qui déterminent les règles à suivre pour le dépouillement des différents scrutins.

Si l'article 8 ne prévoit qu'un compte d'enveloppes, l'article 9 prescrit la déduction des *bulletins trouvés sans enveloppe ;* or, cette déduction ne peut être effectuée que si lesdits bulletins ont été primitivement comptés en même temps que les enveloppes, mais distinctement, à l'ouverture des urnes. J'estime que, pour simplifier les opérations de déduction, les bulletins dont il s'agit ne pouvant vraisemblablement être trouvés que par exception et en nombre infime, il conviendra simplement de les compter à part et de les annexer au procès-verbal, revêtus de la mention « *Bulletin trouvé sans enveloppe* ».

D'autre part, il peut se trouver dans les urnes des *enveloppes sans bulletin*, qui, d'après l'article 8, devront être comptées, mais dont l'article 9 ne prévoit pas la déduction ; je suis d'avis que ces enveloppes devront être assimilées à des bulletins blancs et déduites comme tels.

Enfin, d'après l'article 8, les *enveloppes qui renfermeront plusieurs bulletins portant des listes ou des noms différents* devront être considérées comme contenant un vote nul ; il conviendra donc de les annexer au procès-verbal, avec leurs bulletins, après qu'elles auront été contresignées et revêtues de la mention des causes de leur annexion, par analogie avec les enveloppes et bulletins visés par l'article 9.

Au surplus, les enveloppes devant servir de base à tous les calculs, le nombre des *votants* devra être établi d'après le nombre des enveloppes trouvées dans les urnes, déduction faite des enveloppes en sus des émargements.

Ces observations étant de nature à entraîner certaines corrections dans l'établissement des formules des procès-verbaux, je vous envoie ci-après de nouveaux modèles, rectifiés, de ces documents, auxquels vous voudrez bien vous référer désormais exclusivement. Je vous les adresse, avec la présente, en nombre suffisant d'exemplaires pour que vous puissiez en remettre un à chacun de MM. les sous-préfets après en avoir réservé deux pour le service de vos bureaux.

Le ministre de l'intérieur : L.-L. KLOTZ.

CIRCULAIRE
du 14 octobre 1913 relative à l'application de l'art. 4.

Paris, le 14 octobre 1913.

Par circulaire du 9 septembre, je vous ai adressé des instructions en vue de l'application de la loi du 29 juillet 1913 ayant pour objet d'assurer le secret et la liberté du vote ainsi que la sincérité des opérations électorales.

En ce qui concerne l'article 4 de cette loi, je crois devoir préciser le caractère rigoureusement obligatoire de l'utilisation par tous les électeurs des isoloirs prévus par ledit article.

Cette obligation doit être entendue de la façon la plus absolue, et les présidents des bureaux devront refuser de recevoir le vote de l'électeur qui ne serait pas préalablement passé par l'isoloir.

D'autre part, mon attention ayant été appelée sur les dangers, au point de vue de la transmission des maladies contagieuses, que peut présenter la mise à la disposition des électeurs de crayons qui sont habituellement portés à la bouche, je recommande de remplacer, dans les isoloirs, le crayon par des porte-plumes, des plumes et encriers.

L'encrier devra être fixé dans la tablette ou la table et le porte-plume attaché comme dans les bureaux de poste. Enfin, il convient de mettre à la disposition des électeurs de la poudre pour sécher leur bulletin de vote.

Le ministre de l'intérieur, L.-L. KLOTZ.

www.ingramcontent.com/pod-product-compliance
Lightning Source LLC
Chambersburg PA
CBHW050441210326
41520CB00019B/6020